VIE DU CHEVALIER
FRANCESCO BORROMINI
ARCHITECTE

Portrait de Borromini par Sebastiano Giannini, 1720.

GIOVANNI BATTISTA PASSERI

Vie du Chevalier
Francesco Borromini
Architecte

Préfacée et traduite de l'italien
par Ismène Cotensin

L'ÉCHOPPE

Remerciements à Michel Feuillet, Éliane Deschamps-Pria et Ena Marchi pour leur aide précieuse dans la préparation de cette édition.

© L'Échoppe, 2005.

Préface

Francesco Borromini fut l'un des plus grands architectes et sculpteurs de la Rome baroque du XVIIe siècle, aux côtés de Gian Lorenzo Bernini, son célèbre rival, avec lequel il entretint une relation plutôt tumultueuse. L'histoire de l'art le considère, en compagnie de Pierre de Cortone et de Carlo Maderno, comme l'un des initiateurs du Baroque « extravagant » à Rome. Ses détracteurs qui, dès le XVIIe siècle, lui reprochaient l'abus d'ornementation, l'emploi d'éléments architecturaux hors de toutes règles établies, ont même forgé l'adjectif péjoratif *borrominesco*, pour qualifier une œuvre réalisée sans goût ni jugement[1]. C'est oublier que l'architecte dut souvent composer avec de sévères contraintes d'espace et d'environnement architectural. L'art et l'élégance avec lesquels il réussit à intégrer l'église Sant'Ivo alla Sapienza à la *loggia* existante contredisent ses nombreux détracteurs.

Aussi faut-il sans doute voir dans cette position anti-borrominienne, ou du moins dans cette méfiance à l'égard de l'œuvre de l'architecte, l'explication du faible nombre de biographies consacrées à Borromini dans les recueils de *Vies* composés en Italie entre 1630 et 1680. L'auteur de *Vies* le plus célèbre à cette époque, Giovanni Pietro Bellori[2], ne daigna inclure dans sa sélection de douze artistes ni Borromini ni Bernin, pour des raisons purement personnelles : l'art de ces deux architectes ne correspondait pas aux canons de la beauté idéale définis par le théoricien de l'art qu'était Bellori. Quant aux autres biographes, Giovanni Baglione, Francesco Scanelli, Carlo Cesare Malvasia[3], on note dans leurs œuvres le même silence à propos de l'architecte de l'église San Carlo alle Quattro Fontane.

Seuls Giovanni Battista Passeri et Filippo Baldinucci, puis Lione Pascoli au siècle suivant [4], ont écrit une biographie de Francesco Borromini. Tous trois rapportent à peu près les mêmes faits à propos de l'artiste : son génie « extravagant » en matière d'architecture, les années d'apprentissage auprès de Carlo Maderno, puis, à la mort de ce dernier, les divers conflits qui l'opposèrent au tout-puissant Bernin, ses principales réalisations architecturales, pour finir avec le récit, tragique et pathétique, de son suicide. Ils s'accordent également à décrire Borromini comme une personne toujours vêtue de noir, s'habillant à la manière espagnole, cette étrangeté n'enlevant rien à sa belle allure et à son esprit noble.

Si nous avons choisi de traduire et publier aujourd'hui la Vie de Borromini écrite par Giovanni Battista Passeri, c'est avant tout pour rendre hommage à cet auteur méconnu, trop longtemps méprisé et dévalorisé, car jugé à l'aune de son contemporain Bellori, éminent historien et théoricien de l'art. En effet, Passeri n'est rien de tout cela : il n'a pas de vision historique particulière, n'élabore pas de grandes théories, il se fait tout au plus le porte-parole des goûts artistiques de ses contemporains. C'est un chroniqueur, qui prend plaisir à raconter les anecdotes truculentes du milieu des ateliers, les aventures les plus incroyables survenues aux artistes, les bons mots prononcés par Le Dominiquin, L'Algarde, ou Guido Reni. Ses *Vies* revêtent ainsi un caractère éminemment romanesque, frôlant souvent le genre picaresque.

Malheureusement, on sait très peu de choses sur la vie de cet auteur. Passeri, ou Passari, comme il écrivait lui-même, est vraisemblablement né à Rome vers 1609-1610. Il a suivi des études au Collegio Romano, qu'il a interrompues à l'âge de vingt ans pour se consacrer à la peinture. Les hypothèses sont variées quant à l'identité de son maître. Le biographe Nicola Pio prétend qu'il fut l'élève du Dominiquin [5]. Il est toutefois plus vraisemblable que le jeune Passeri se soit formé dans l'atelier du peintre romain Giovanni Angelo Canini, auquel il consacre d'ailleurs une vie dans son recueil. Sa production artistique nous est également assez peu connue : ses biographes mentionnent quelques retables dans des églises romaines et la réalisation d'une fresque au palais Pamphili exécutée en 1661 avec l'aide de deux assistants. Mais toutes ces œuvres ont disparu. Nicola Pio évoque un petit nombre de tableaux réalisés pour des particuliers, notamment pour la famille Costaguti, et signale la présence d'un tableau d'autel dans l'église San Giovanni della Malva, malheureusement déplacé à la suite de travaux.

En commençant à rassembler des documents et des notices sur les artistes contemporains dans les années 1650, Passeri avait vraisemblablement l'intention d'écrire une suite aux *Vies* publiées par Giovanni Baglione en 1642. Ce n'est qu'au début des années 1670, grâce à un bénéfice choral, qu'on lui confia dans l'église romaine de Santa Maria in Via

Lata, qu'il put se consacrer pleinement à la rédaction de son ouvrage. Mais il n'eut malheureusement pas la chance de le voir publié car ce fut seulement en 1772, soit un siècle après son décès, survenu en 1674, que ses *Vies* parurent, dans une version en grande partie réécrite, élaguée et censurée. C'est grâce au travail accompli par Jacob Hess dans les années 1930 que nous pouvons aujourd'hui lire les *Vies* de Passeri dans une version conforme aux manuscrits originaux[6].

La Vie de Francesco Borromini – que l'on a bien sûr traduite à partir de l'édition de Jacob Hess – constitue une excellente première approche de l'écriture de Giovanni Battista Passeri. Elle contient en effet à peu près tous les éléments narratifs caractéristiques des biographies du recueil: une introduction moralisante, inspirée du modèle vasarien, un goût prononcé pour les commérages et autres histoires de rivalités (voir le portrait maléfique que Passeri fait de Bernin), et enfin une délectation à mettre en scène de façon théâtrale des événements tragiques (en l'occurrence les circonstances de la mort de l'artiste).

Nous avons abondamment annoté le texte, afin d'élucider des passages parfois trop allusifs et peu compréhensibles pour des lecteurs contemporains, de rétablir la chronologie des événements, et d'apporter quelques corrections par rapport au propos parfois erroné de Passeri.

Plagiant les intentions de son illustre prédécesseur Giorgio Vasari, qui désirait, grâce à son ouvrage, « raviver la mémoire de ceux qui [...] ne méritent pas que leurs noms et leurs réalisations continuent d'être en proie à la mort et à l'oubli »[7], gageons que la publication de la Vie de Francesco Borromini rédigée par Giovanni Battista Passeri commencera à remettre en lumière cet auteur méconnu et ôtera « la poussière et l'oubli »[8] qui recouvraient jusqu'à présent son nom et son œuvre.

Ismène Cotensin

Notes

1. Voici la définition de l'adjectif *borrominesco* que donne Charles Lucas à la fin du xixe siècle, dans *La grande encyclopédie : inventaire raisonné des sciences, des lettres et des arts* (réalisée par une société de savants et de gens de lettres sous la direction de MM. Berthelot, Hartwig Derenbourg, F.-Camille Dreyfus [et al.], Paris, 1885-1902) : « [...] Ce style consiste surtout dans l'abus des motifs d'ornementation et dans la bizarrerie des détails : des lignes brisées et des lignes courbes s'y substituent sans raisons appréciables à des lignes droites ; des éléments d'architecture y sont employés en dehors de toute règle traditionnelle et aussi de toute fonction logique ; enfin le vrai et l'utile parfois même le beau, y semblent, comme à plaisir, écartés des inspirations de l'artiste pour ne laisser place qu'à l'agréable, au brillant et le plus souvent au bizarre ».

2. Ses *Vite de' pittori scultori et architetti moderni* sont publiées pour la première fois à Rome en 1672. L'édition italienne de référence est désormais celle dirigée par Evelina Borea et publiée chez Einaudi en 1976 (collection « I Millenni », l'équivalent de la Pléiade française). Il n'existe pas, à ce jour, de traduction française de l'intégralité du recueil. La biographie de Poussin a été traduite et publiée dans les *Vies de Poussin* (Bellori, Félibien, Passeri et Sandrart), édition présentée et annotée par Stefan Germer, Paris, Macula, 1994 (les *Vies* de Bellori et de Passeri ont été traduites de l'italien par Nadine Blamoutier). Celle du Caravage a été traduite et publiée, d'après la réédition italienne d'Einaudi, sous le titre *Vie du Caravage*, Paris, Le Promeneur, 1991 (traduit de l'italien par B. Pérol).

3. Tous trois sont les auteurs respectifs de : *Le vite de' pittori, scultori, et architetti, dal Pontificato di Gregorio XIII del 1572 fino a' tempi di Papa Urbano VIII nel 1642*, Rome,

1642 ; *Il Microcosmo della pittura*, Bologne, 1657 ; *Felsina pittrice*, Bologne, 1678.

4. Giovanni Battista Passeri est l'auteur des *Vite de' pittori, scultori ed architetti che hanno lavorato in Roma, morti dal 1641 fino al 1673*, publiées à Rome en 1772, soit un siècle après la rédaction. Les *Notizie de' professori del disegno da Cimabue in qua* de Filippo Baldinucci furent quant à elles publiées à Florence entre 1681 et 1728. Enfin, Lione Pascoli fit paraître à Rome ses *Vite de' pittori, scultori, ed architetti moderni* en deux volumes, respectivement en 1730 et 1736.

5. Nicola Pio, *Le Vite di pittori scultori et architetti* (1718-1724), édition sous la direction de Catherine et Robert Enggass, Cité du Vatican, Bibliothèque Apostolique Vaticane, 1977.

6. L'édition conforme aux manuscrits originaux apparaît sous le titre : *Die künstlerbiographien von Giovanni Battista Passeri*, Leipzig et Vienne, Heinrich Keller, 1934. Jacob Hess travailla également sur l'œuvre de Giovanni Baglione ; dès 1934, il entreprit d'établir l'édition critique des *Vies*. Mais la Seconde Guerre mondiale interrompit ses travaux, qu'il ne reprit jamais. Encouragé par la Bibliothèque Hertziana, Herwarth Röttgen parachève l'étude depuis 1968, et a déjà publié en 1995 l'édition critique des trois premières parties des *Vies*. Voici les références : *Le vite de' pittori, scultori, et architetti, dal Pontificato di Gregorio XIII del 1572 fino a' tempi di Papa Urbano VIII nel 1642*, Rome, Andrea Fei, 1642. Fac-similé avec des notes sur les trois *giornate* par Jacob Hess et Herwarth Röttgen, Cité du Vatican, Bibliothèque Apostolique Vaticane, 1995.

7. Référence du texte italien : Giorgio Vasari, *Le Vite de' più eccellenti architetti, pittori, et scultori italiani, da Cimabue, insino a' tempi nostri*, édition de 1550, Turin, Einaudi, 1986, p. 4.

8. *Ibidem*, p. 916.

La qualité qui rend l'homme digne d'estime, et qui s'accompagne de l'acclamation de sa singularité, est un don exceptionnel de la nature. Ce dernier se manifeste sans beaucoup d'étude ni de travaux pratiques, car il s'exprime à travers la vivacité du bel esprit et la hardiesse spirituelle de l'intellect, qui le rendent habile en toute forme de labeur. Ce n'est pas pour autant que je déconseille l'exercice de l'étude, ni que j'incite à être oisif, et à négliger ce que peut apporter la science. Cela serait le conseil d'un homme présomptueux, semblable à ceux qui ont la prétention de gagner leur salut sans mérite. J'affirme que le travail, dans quelque discipline ou profession que ce soit, est nécessaire, car il permet d'apprendre les règles et les exercices qui enseignent à l'esprit la juste intelligence. Toutefois, parmi les élèves qui étudient dans une même école, auprès du même professeur, et qui reçoivent les mêmes enseignements, ceux qui en tirent réellement profit sont peu nombreux. Ainsi faut-il admettre que l'incapacité à apprendre n'est pas due à un manquement de l'école ou à une faute du professeur, et que l'impossibilité de s'approprier la bonne intelligence n'est pas un défaut des enseignements ; c'est seulement une nature de l'esprit qui le rend incapable de posséder toute forme de savoir. En revanche, celui qui maîtrise rapidement une discipline démontre qu'il a les capacités pour s'enrichir de connaissances en tout genre. Mais les natures des esprits diffèrent. Nombreux sont ceux qui, dans la fleur de l'âge, sont si véloces dans l'apprentissage, qu'ils promettent de forts bons résultats, mais, lorsque cette flamme de la jeunesse se consume, ils manquent à leur promesse. D'autres, qui montrent de faibles signes d'espoir, se dirigent vers l'échec, mais, en consolidant leur esprit, ils se révèlent finalement bien meilleurs que prévu. Beaucoup d'artistes se sont appliqués, dans leur jeunesse, à un art bien précis et, les années passant, ils sont apparus, contre toute attente, excellents en un domaine pour lequel ils ne donnaient aucun signe particulier, et voici pour toi, lecteur, un exemple pour le démontrer.

Le déroulement de notre histoire des artistes veut que, en suivant le fil des années, nous parlions de Francesco Borromini, qui se fit connaître comme un architecte intelligent et extravagant, et, à mon avis, digne d'éloge et d'une rare estime. Francesco naquit à Bissone [1], dans le diocèse de Côme, dans le Milanais, le 25 septembre 1599, et il fut baptisé en l'église de San Carpoforo de Bissone le lendemain 26. Son père s'appelait Domenico, son nom de famille était Castello – il devint ensuite Borromino –, sa mère s'appelait Anastasia Garua ; tous deux étaient originaires de la même cité, Bissone. Jusqu'à l'âge de quinze ans, Francesco demeura dans cette ville avec ses parents. Mais, en 1615, pour apprendre un métier, il quitta sa maison et se rendit à Milan, où il travailla comme sculpteur de marbre, faisant montre de diligence et de zèle. À l'âge de vingt-cinq ans, il eut le désir de voir Rome, dont il entendait sans cesse qu'elle était la ville où l'on pouvait progresser en matière d'études et de réalisation d'œuvres. Voulant satisfaire sa curiosité, il s'y rendit promptement. C'était en 1624, au début du pontificat d'Urbain VIII, qui fut un pape amène et passionné de choses sublimes et curieuses [2].

À cette époque, Carlo Maderno était l'architecte en charge du chantier de Saint-Pierre au Vatican. C'était un compatriote et parent de Francesco, et l'espoir de travailler sous sa direction conduisit Francesco à Rome; il ne fut pas déçu du résultat, puisqu'il fut employé pour ses compétences. La parenté qui unissait Francesco à Maderno avait pour origine une femme, ce qui ne constituait pas un lien très fort [3]. Cependant, la diligence et le zèle avec lesquels il sculptait le marbre plaisaient à Maderno, qui l'employait continuellement dans les travaux, fréquents et importants, du chantier, et qui le patronnait et l'encourageait chaleureusement [4]. Pendant la période où Francesco était employé au travail de la sculpture de marbre, il suivait son inclination naturelle : durant la pause de la collation et du déjeuner, il s'isolait pour étudier et dessiner soigneusement de nombreuses parties de la célèbre basilique de Saint-Pierre, amoureux, disait-il, de cette architecture ingénieuse de Michel-Ange Buonarroti. Après que Maderno s'en fut aperçu, et qu'il eut observé l'exactitude et la propreté de son dessin, il voulut que Francesco travaillât auprès de lui, afin de reporter au propre les inventions que lui-même faisait comprendre par une simple esquisse, un simple motif. Francesco menait à bien son travail avec une telle exactitude que Maderno le traitait de façon privilégiée : il lui permettait de poursuivre ses travaux de sculpture, non sans bénéfice pour lui-même.

Durant ces années-là Carlo Maderno mourut et le poste d'architecte du chantier fut vacant. Mais, parce que le Chevalier Giovanni Lorenzo Bernini occupait la première place dans le cœur et l'estime du pape Urbain VIII – c'était son artiste favori et bien-aimé –, ce dernier le fit donc succéder à Maderno, pour qu'il tirât avantage de cette situation, à ce moment donné [5]. Une fois que Bernin prit possession de cette charge, il s'aperçut de l'habileté de Francesco : non seulement ce dernier était rapide dans l'art de sculpter, mais il faisait montre d'intelligence en architecture. Il le prit donc à son service et le sollicita dans toutes les constructions qu'il entreprit pendant le pontificat d'Urbain VIII [6]. Bernin constatait que, dans la disposition des parties, l'exécution des plans, l'exacte distribution des éléments, et dans la nouveauté, la bizarrerie des extravagances, Francesco était très doué, et que ces qualités lui étaient très utiles, car elles l'exemptaient de nombreuses tâches qu'il ne pouvait exécuter avec zèle à cause de ses autres travaux en sculpture.

La première grande réalisation à laquelle participa Borromini, sous la direction de Bernin, fut le Palais de la famille Barberini aux Quatre-Fontaines et, bien qu'il ne fût pas construit de toutes pièces, les ajouts, les ornements et la distribution des pièces avec laquelle le palais fut agrandi, décoré et ennobli, comportèrent quelques difficultés qui nécessitèrent du temps et du soin. Dans de nombreux détails, et dans de nombreux endroits, les réalisations et les extravagances de Francesco sont visibles et ceux qui ont une parfaite connaissance du métier savent fort bien les distinguer et les identifier. Je ne dis pas pour autant que Bernin n'a pas son rôle dans l'invention et dans l'édification ; mais une bonne aide est un grand avantage.

À cette même période, Bernin eut de nombreuses commandes pour la basilique Saint-Pierre, et il se servit, de la même manière, de Francesco, auquel il demandait de l'assister et de ne pas l'abandonner lors de tels travaux. Et, pour que Francesco fût son obligé et son proche, il le flattait généreusement en lui promettant de grandes commandes, de sorte que le pauvre Francesco ne savait pas faire la part des choses entre la promesse et l'accomplissement de celle-ci : il ne savait que croire, la prodigalité de l'offre ou la pauvreté de l'exécution[7]. Combien de réalisations de sculpture Bernin confiait-il à un certain Agostino Radio, parent de Francesco, en prétextant que lui aussi participerait au gain, pour que Francesco, alléché par ce travail commun, ne s'éloignât jamais de lui et qu'il fût toujours son assistant dévoué ! Le résultat de cette collaboration avec Agostino profita à une tout autre personne, car le gain se dirigea complètement vers Bernin, s'éloignant ainsi totalement de Francesco. S'étant aperçu de cela, et s'en indignant en compagnie de Radio, Francesco reprocha à Bernin d'avoir manqué à sa parole et à l'accord qu'ils avaient passé, ne s'apercevant pas encore de la véritable raison de ce manquement. Finalement, après avoir compris la tromperie, il abandonna tous les travaux, mit fin à sa collaboration avec Bernin, quitta le chantier de Saint-Pierre, et se consacra entièrement à l'architecture [8].

La première œuvre qui le fit connaître fut l'église et le couvent de San Carlo alle Quattro Fontane, et, en vérité, il manifesta un esprit admirable, et une grande finesse d'intelligence. Sur un site si petit et si exigu, il sut ériger un lieu de résidence confortable, et une église belle, gracieuse, constituée d'une distribution particulière d'autels, de recoins, et de curiosités, le tout étant bien décoré, riche, élégant, et lumineux. Même un esprit privé de passion appelle cela un miracle de l'art [9].

Les pères de l'église Santa Maria in Vallicella de l'Oratoire [10] – institué par saint Philippe de Néri [11] – décidèrent de faire construire leur couvent et l'oratoire où, lors des fêtes, à partir de la Toussaint et jusqu'au dimanche des Rameaux, l'on s'adonne à l'exercice de la prière, qui est agrémentée de musique et de sermons. Ils engagèrent Borromini, à l'instigation du père Virgilio Spada, qui était tombé sous le charme de la minutie et de la diligence de l'artiste, et ce dernier construisit tout l'ensemble dans la forme que l'on voit à présent : extravagante, confortable, et pleine de curiosités [12].

En juillet 1644, le pape Urbain VIII mourut. Au mois de septembre, Innocent X lui succéda et nomma au poste d'aumônier le père Virgilio, dont nous venons de parler, qui aida Borromini à être introduit auprès du souverain pontife [13]. Comme le jubilée de 1650 approchait, ce dernier voulut restaurer la basilique Saint-Jean-de-Latran, et, suivant le conseil de Monseigneur Spada, il engagea Borromini. Celui-ci, sans modifier le plan initial, sans déplacer les murs, et sans tout bouleverser, rendit l'intérieur si lumineux, le décora avec tant de charme, l'emplit de tant de curiosités, qu'assurément l'on ne peut désirer mieux : toute l'extravagance, la nouveauté, et la bizarrerie contenue dans ces tombeaux *rapportés* [14], rendent l'église admirable, riche, absolument parfaite.

Le pape Innocent X fut grandement satisfait par le travail de Borromini à Saint-Jean-de-Latran, et il voulut qu'il continuât la construction de l'église Sainte-Agnès sur la place Navone ; Girolamo Rainaldi l'avait commencée, mais il

fut remercié à la suite d'un différend avec le pape [15]. Celui-ci chargea donc Francesco de cette réalisation. Il lui avait déjà demandé de s'occuper d'acheminer l'eau de la fontaine de Trevi à la place Navone, au centre de laquelle il eut l'idée d'ériger l'obélisque retrouvé au Théâtre de Caracalla, vers Capo di Bove [16], aux côtés de la fontaine que le Chevalier Bernin exécuta si admirablement [17]. Satisfait du travail de Francesco, le 26 juillet 1652, Innocent X le décora de la Croix de l'Ordre du Christ [18], si bien que, dès lors, on l'appela Chevalier Borromini ; l'honneur de la Croix fut accompagné d'une rente de quelques milliers d'écus, ce qui constitua un très bon capital et permit à Francesco de vivre confortablement.

Borromini fut aussi l'architecte du Palais de la Propagation de la Foi sur la place d'Espagne [19], et ce fut à partir de son plan et de sa structure que fut menée la construction de ce palais, divisé en de nombreuses pièces confortables, nobles et belles, avec des mezzanines et plusieurs ateliers pour le confort des artistes – ce qui constituait également un grand avantage pour le lieu lui-même. En raison de la situation de ce palais, qui se trouve sur une vaste étendue, il en a fait un lieu remarquable et majestueux, et il a travaillé à cette construction sous les pontificats d'Urbain VIII, d'Innocent X et d'Alexandre VII. Lors du règne d'Innocent X et d'Alexandre VII, il s'attela à la construction du Collège de la Sapienza de Rome : il réalisa l'ensemble de l'église et de son clocher [20], d'une forme très curieuse, et cette noble bibliothèque [21], confortable pour tous, que le pape Alexandre VII établit avec magnificence. Il commença aussi l'édification de l'église Sant'Andrea delle Fratte [22]. Plus précisément, il acheva ce qui manquait, la coupole, la tribune, et le transept, pour qu'elle soit parfaitement terminée. Mais elle resta inachevée, peut-être à cause de la pénurie d'argent ; on ne voit rien qui ait une véritable forme, si ce n'est un campanile resté inachevé.

La première chapelle à droite de l'entrée principale de l'église San Girolamo della Carità est l'une de ses extravagances [23]. À la place de l'habituelle balus-

Sant'Ivo, gravure de Domenico Barrière, 1720.

trade qui clôt l'autel, Borromini plaça deux anges, qui, agenouillés de part et d'autre, tiennent un tissu que l'on a coutume d'étendre, lors la communion, pour ceux qui reçoivent la sainte nourriture. Les parois de la chapelle ressemblent à celles d'un appartement noble : elles sont décorées de damas fleuri, où sont accrochés quelques portraits ovales de marbre blanc, en bas-relief avec un cadre de marbre jaune. Ces portraits sont ceux des ancêtres des Seigneurs de la famille Spada, patrons de la chapelle. La voûte est ornée de fausses mosaïques, avec quelques festons de fleurs peintes, et quelques épées dégainées posées sur la corniche, disposées, comme au hasard, pour rappeler les armes de cette famille, ce qui est une extravagance fort nouvelle et curieuse. Il restaura également l'extérieur du baptistère de Saint-Jean-de-Latran [24] – là où fut baptisé Constantin – de même que la porte du palais du Seigneur Prince Giustiniani [25], qui se trouve vers l'église Saint-Louis-des-Français. Il commença également la restauration du palais des Seigneurs Falconieri alla Morte [26], mais il ne termina pas le travail puisque le cardinal de cette famille mourut. Toutefois, ces mêmes seigneurs lui commandèrent la décoration de leur chapelle, celle de l'autel principal, dans l'église San Giovanni dei Fiorentini [27].

Il dessina la petite église ronde près de la porte Latine [28], sur commande de l'éminentissime cardinal Paulucci, il s'occupa d'une partie du couvent de Sant'Agostino, et il fut chargé de la construction de la bibliothèque [29] et de toute la partie nouvelle qui agrandit et rendit majestueux ce noble couvent. Durant le pontificat d'Alexandre VII, à la demande de l'éminentissime seigneur [30] Filomarino, archevêque de Naples, il dessina et réalisa l'autel de la chapelle de la Santissima Annunziata [31] de cette ville, et à Rome il acheva la galerie et une annexe du palais de l'éminentissime seigneur Spada [32]. Il eut également l'extravagance de réaliser cet escalier sans marches dans le palais de l'éminentissime seigneur Ulderico Carpegna à la Fontaine de

Trevi³³, qui est assez pratique, beau, et très curieux. Il restaura dans ce même palais la partie qui se trouve à côté de l'église Santi Vincenzo e Anastasio, qui resta inachevée. Il dessina le tombeau du cardinal Ceva qui se trouve dans le baptistère de Saint-Jean-de-Latran³⁴. Enfin il fit les plans de la sacristie qui, par nécessité et convenance, doit être construite à Saint-Pierre ; mais la réalisation fut bloquée, et non exécutée pour des questions politiques.

Finalement, au mois de juillet 1667, Francesco donna quelques signes d'indisposition, et dut rester alité chez lui, en raison de l'infirmité qui l'accablait. Il fut saisi par un accès de fièvre, signe d'un mal violent, qui le tourmenta plusieurs jours. Le mal empira au point que la violence de la fièvre le fit sombrer dans le délire. Un jour, il se leva en chemise de nuit, et, empoignant une épée que, par malheur, il conservait chez lui, il la dégaina et l'enfonça dans sa poitrine. En piteux état à cause de sa blessure, on le remit au lit, et, peu de jours après, le

2 août, il mourut, pour la plus grande tristesse de ceux qui aimaient ses qualités et l'extravagance de son esprit. Il fut enterré en l'église San Giovanni dei Fiorentini, dans la même sépulture que Carlo Maderno. Il avait en effet donné à la fille de Maderno cent pistoles d'or pour sa sépulture, heureux qu'il était à l'idée d'être enterré en compagnie d'un parent, d'un compatriote, et d'un confrère [35].

Francesco avait une belle allure, et il ne passait jamais inaperçu, car il portait toujours les mêmes vêtements, refusant de suivre la mode. Il porta toujours la fraise à l'espagnole, des nœuds en tissu à ses chaussures, des jarretières, et il ne fit jamais d'efforts superflus pour s'habiller, mais il était toujours vêtu correctement. En matière d'architecture, on ne peut nier qu'il fut étrange, et qu'il ne faut pas l'imiter dans tous ses choix ; mais pour les spécialistes c'est un homme érudit, intelligent, et détenteur d'un savoir parfait. Pour bâtir les fondations, édifier des constructions, construire des murs, relier les fondations aux parties montées, il opérait de manière judicieuse et intelligente, en évitant tous les dangers et les pièges. Jamais on ne vit de chapiteau, de corniche, d'architraves ou d'autre élément architectural identiques. À chaque occasion, il apporta des nouveautés, différents éléments de la composition, et il varia toujours sa façon de cintrer, mesurer et distribuer les parties, et de diviser le tout. À mon avis, il fut digne d'estime et d'admiration car il ne proposa pas un art commun et passe-partout, qui ne retient pas le regard. Au contraire, dans toutes ses œuvres, Borromini – bien que certains le jugent profondément étrange – attira l'attention de ses spectateurs, qui observaient et estimaient un esprit si riche et si extravagant qu'il ne voulait jamais se conformer à l'idée d'un autre. Toujours il se plut à manifester son idée personnelle et de nouvelles pratiques. Pour ma part, je dirais que dans l'exercice de l'architecture – je veux parler de la parfaite maîtrise des constructions – ceux qui l'égalèrent furent peu nombreux. Quant à la décoration, qui est un accessoire, chacun est maître de son goût et de son extravagance.

Borromini ne fut pas très riche, parce qu'il ne voulut jamais être tyrannisé par l'appât du gain et, comme il n'avait pas de famille, ayant toujours refusé le lien du mariage, il n'eut pas envie d'accumuler de l'argent pour des héritiers. Il ne voulut jamais percevoir de pourcentage sur les plans et les mesures, et refusa toujours les avances sur recette afin de ne pas devoir obéir à l'ordre strict de la personne qui l'avait financé. Il aima vivre sans contraintes, en toute liberté, l'esprit tranquille. Finalement, il illustra ce que, au début de sa vie, j'ai démontré, à savoir que certains se réalisent dans un art qu'ils n'ont jamais pratiqué à leurs débuts. En effet, dans sa jeunesse, Francesco étudia la sculpture du marbre, et devint plus tard un architecte si expert et si expérimenté, que son talent fut égalé par un nombre très limité d'artistes.

Notes

1. Petite bourgade située actuellement sur le lac de Lugano, dans le Tessin suisse.
2. En réalité, il semble que Borromini était à Rome dès 1619, comme en attestent de nombreux témoignages contemporains.
3. Borromini logeait à Rome chez un oncle, Leone Gravo, dans le vicolo dell'Agnello à côté de l'église San Giovanni dei Fiorentini. Gravo occupait une place importante dans la hiérarchie des ouvriers romains, surtout depuis qu'il était devenu le parent de Carlo Maderno, le célèbre architecte responsable de la restructuration et de l'agrandissement de la basilique Saint-Pierre, en épousant sa nièce Cecilia en 1610. C'est par l'intermédiaire de Leone Gravo que Borromini entra en contact avec Maderno.
4. Borromini collabora aux chantiers de Sant'Andrea della Valle en 1621, du Palais du Mont-de-Piété à partir de 1623, et à la restauration du portail du Panthéon entre 1624 et 1626. Son travail dans la basilique Saint-Pierre fut multiple, entre 1624 et 1629 : la chapelle du Chœur, le piédestal de la *Pietà* de Michel-Ange (1626), l'exécution du dessin et la participation à la réalisation de la grille en bronze de la chapelle du Saint-Sacrement (1628-1629). Sous la direction de Maderno, il collabora également aux travaux du palais du Quirinal.
5. C'est en 1629 que Bernin succède à Carlo Maderno à la direction du chantier de Saint-Pierre. Déjà, en 1624, Bernin avait obtenu la commande du célèbre baldaquin, aux dépens de Carlo Maderno. Ce dernier fut profondément blessé par ce choix, ce qui accentua sûrement le ressentiment du jeune Borromini à l'égard de Bernin.

6. Les chantiers de la basilique Saint-Pierre, du Palais du Quirinal, et bien sûr du Palais Barberini.

7. Borromini supportait de fait une situation de subalterne, qui ne correspondait pas à son rôle effectif dans les différents chantiers. D'après le manuscrit de Bernardo Castelli – neveu de Borromini qui écrivit une longue notice biographique sur son oncle – Bernin « l'attira auprès de lui en lui faisant de grandes promesses, et en matière d'architecture, il laissait tous les travaux difficiles à Borromini », mais, lorsque « Bernin fut rémunéré pour les chantiers de Saint-Pierre et du palais Barberini, jamais il ne donna quoi que ce soit à Borromini pour ces longues années de travaux, il ne lui offrit guère que des compliments ».

8. La rupture eut très probablement lieu au début de 1633.

9. La première phase des travaux s'étendit de 1634 à 1641.

10. Aujourd'hui appelée Chiesa Nuova.

11. Saint Philippe de Néri (1515-1595) fut un prêtre originaire de Florence qui passa la plus grande partie de sa vie à Rome. Il fonda l'Oratoire, une réunion de prières où l'on chante et l'on lit des textes en commun. Cette congrégation fut introduite en France au XVIIe siècle par le cardinal de Bérulle (1575-1629) sous le nom de l'Oratoire de France. Saint Philippe de Néri devint par la suite, après saint Pierre, le second patron de Rome.

12. Le chantier fut officiellement attribué à Borromini le 11 mai 1637. Spada composa, en 1646-1647, un texte intitulé *Piena Relatione*, dans lequel il décrit de manière analytique les phases de projet et de construction des bâtiments, ce qui fait de ce texte un document exceptionnel sur le processus créatif et sur les méthodes de travail de Borromini. Ce dernier, en 1651, à la suite

d'une énième ingérence des Philippins dans la gestion du chantier, abandonna les travaux, et fut remplacé par Camillo Arcucci, qui, vers 1665, acheva l'édification des bâtiments, en y apportant quelques transformations.

13. En 1644 Innocent X Pamphili accéda au trône papal, décidé à démanteler le pouvoir des Barberini (famille du pape Urbain VIII) sous toutes ses formes, y compris en remettant en cause la position dominante de leurs artistes protégés. Bernin fit principalement les frais de cette nouvelle politique : il assista à une chute notable de ses commandes, inversement proportionnelle au succès de Borromini, qui obtint les faveurs du nouveau pontife, grâce à l'appui de Virgilio Spada, nommé aumônier du pape et surintendant des constructions papales en 1645.

14. La technique des *quadri riportati* consistait à peindre des scènes à fresque comme s'il s'agissait de tableaux de chevalet encadrés.

15. En 1653, par volonté du pape Innocent X, Borromini succéda en effet à Girolamo et Carlo Rainaldi, qui avaient été choisis un an auparavant sur la recommandation du neveu du pape, Camillo Pamphili. Borromini détruisit complètement les fondations établies par les deux Rainaldi. À la mort du pape, en 1655, le rapport avec Camillo Pamphili, qui reprit la direction du chantier, se détériora de façon définitive, de sorte que Borromini abandonna le chantier en 1657.

16. Actuellement l'une des rues donnant sur la Via Appia Antica, au niveau du tombeau de Caecilia Metella.

17. La célèbre fontaine des Quatre Fleuves (1651).

18. Dès la fin du XVIe siècle, les papes commencèrent à décerner des titres aux artistes. Cela était lié à la conscience nouvelle que l'on avait de leur statut social. À partir du milieu du XVIIe siècle la papauté prit l'habitude

de donner à la plupart des artistes distingués le titre de « Chevalier de l'habit du Christ ». Paul V venait de remettre à l'ordre du jour cette distinction. Elle avait été créée en 1319 pour récompenser les vertus chrétiennes, le zèle et la fidélité rendus à l'État, et la participation à l'expansion de la religion chrétienne. Une série de privilèges étaient accordés aux chevaliers comme la possibilité de manger de la viande le vendredi et la permission de célébrer une messe dans l'oratoire familial. Ils bénéficiaient en outre d'une immunité contre toute forme d'arrestation, sauf si le mandat d'arrêt était signé par le Grand Chancelier. Si un chevalier était arrêté, il était immédiatement radié de l'Ordre. Outre Borromini, Giuseppe Cesari Chevalier d'Arpin, Domenico Passignano, Cristoforo Roncalli, Domenico Fontana, Gaspare Celio, Bernin et Giovanni Lanfranco, furent également honorés de cette distinction.

19. Borromini réalisa la façade latérale du palais qui donne sur la via di Propaganda en 1662. Elle fut complétée par un attique entre 1665 et 1667. La façade principale fut dessinée par Bernin. Ce dernier avait d'ailleurs construit à l'intérieur du palais une chapelle pour le pape Urbain VIII. Mais en 1644, à la mort du souverain pontife, son successeur, Innocent X, demanda à Borromini de détruire l'œuvre de son rival et d'édifier une nouvelle chapelle. L'artiste acheva la construction de la chapelle des Rois Mages sous le pontificat d'Alexandre VII, entre 1660 et 1664.

20. Église désormais connue sous le nom de Sant'Ivo alla Sapienza (1642-1650). Œuvre de Giacomo della Porta (1575), le palais de la Sapienza abrita l'Université de Rome jusqu'en 1935 ; il renferme aujourd'hui les Archives de l'État italien.

21. La Biblioteca Alessandrina. Borromini la réalisa entre 1559 et 1561.

22. 1653-1667 : la tour lanterne et la décoration de la coupole restèrent inachevées.
23. La chapelle Spada, réalisée en 1662.
24. 1657.
25. 1656-1659. Il s'agit de la porte du palais donnant sur la via della Dogana Vecchia. Borromini restaura aussi la Salle des Colonnes du palais.
26. Cette apposition, « alla Morte », fait référence à l'église Santa Maria della Morte qui était située dans la même rue que le palais des Falconieri, la via Giulia. Les travaux se sont déroulés entre 1646 et 1649.
27. 1664-1667. À la même période, Borromini dirigea les travaux d'agrandissement de la Villa Falconieri à Frascati.
28. Il s'agit de l'église San Giovanni a Porta Latina.
29. En 1659, le pape Alexandre VII demanda à Borromini de dessiner et construire la bibliothèque ; le bâtiment fut ensuite modifié par Luigi Vanvitelli. La bibliothèque est aujourd'hui connue sous le nom de Biblioteca Angelica.
30. Titre honorifique réservé aux cardinaux.
31. Connue maintenant sous le nom de chapelle Filomarino, dans l'église Santissimi Apostoli de Naples.
32. 1661-1662.
33. 1643-1649. C'est un escalier en forme hélicoïdale.
34. 1650.
35. Le récit des conditions du décès de Borromini est beaucoup plus complet dans la biographie de Filippo Baldinucci. Voici la traduction d'un extrait : dans la nuit du 1er août 1667, Borromini « se réveilla et réclama de la lumière et de quoi écrire. Son valet de chambre lui répondit que, sur ordre du médecin, il était tenu de le laisser dormir, car le sommeil était le seul remède à son mal. Francesco réitéra plusieurs fois le même souhait, et le valet de chambre s'excusa à

chaque fois en donnant la même explication. Alors, le pauvre homme, assailli par une nouvelle attaque de mélancolie, s'exclama : "Je ne peux pas dormir, personne ne m'écoute, personne ne veut m'apporter de la lumière, je ne peux pas écrire". Il empoigna une épée, qu'il gardait à son chevet, au milieu des bougies bénies, et il se transperça le corps, de la poitrine vers le dos ; mortellement blessé, traversé par ce fer, il tomba de son lit. Le valet de chambre accourut, bien que tard, au bruit de cette grande chute, et voyant le malheureux spectacle, il se hâta d'appeler le médecin, et tous deux le déposèrent sur son lit. [...] Vingt-quatre heures après l'accident, à la suite, dit-on, d'une hémorragie, il s'éteignit, le 2 août 1667 ». Dans la biographie exhaustive et très bien documentée que Joseph Connors a consacré à Borromini dans le catalogue de l'exposition *Borromini e l'universo barocco* (Rome, Palazzo delle Esposizioni, 16 décembre 1999-28 février 2000), il précise que Borromini réclamait de la lumière et du papier afin de rédiger un nouveau testament, non pas à son valet de chambre, mais à Francesco Massari, un ouvrier sculpteur qui logeait dans la chambre voisine. Borromini mourut vers sept heures du matin, le 3 août 1667, après avoir fait en sorte d'être enterré auprès de Carlo Maderno.

Bibliographie

Ouvrages en français :
- Giulio Carlo Argan, *Borromini, Rome architecture baroque*, Paris, La Passion, 1996.
- Fabrice Douar et Matthias Waschek, *Borromini en perspective*, Paris, École Nationale Supérieure des Beaux-Arts du Louvre, 2004.
- Paolo Portoghesi, *Borromini : architecture, langage*, Paris, Vincent, Fréal et Cie, 1970.
- Rudolf Wittkower, *Art et architecture en Italie 1600-1750*, traduit de l'anglais par Claude F. Fritsch, Paris, Hazan, 1991, chapitre 9 : « Francesco Borromini 1599-1667 », p. 213-247.

Ouvrages en anglais et en italien :
- Federico Bellini, *Le cupole di Borromini : la « scienza » costruttiva in età barocca*, Milan, Electa, 2004.

- Anthony Blunt, *Borromini*, Cambridge (Massachusetts) et Londres, The Belknap Press of Harvard University Press, 1979.
- Arnaldo Bruschi, *Francesco Borromini : manierismo spaziale oltre il barocco*, Turin, Testo e immagine, 1999.
- Daria de Bernardi Ferrero, *L'opera di Francesco Borromini nella letteratura artistica e nelle incisioni dell'età barocca*, Turin, Alba editrice, 1967.
- *Studi sul Borromini. Atti del convegno promosso dall'Accademia nazionale di San Luca, Roma, 1967*, Rome, Accademia nazionale di San Luca, 1967-1972.
- *Francesco Borromini : atti del convegno internazionale, Roma, 13-15 gennaio 2000*, sous la direction de Christoph Luitpold Frommel et Elisabeth Sladek, Milan, Electa, 2000.
- *Roma Barocca : Bernini, Borromini, Pietro da Cortona* (exposition), Rome, Château Saint-Ange, 20 janvier - 18 avril 2006 ; catalogue sous la direction de Paolo Portoghesi, Milan, Electa, 2006.

Toutes les illustrations apparaissant sans légende dans le cours du texte sont des gravures de Giuseppe Vasi, extraites de son ouvrage *Delle magnificenze di Roma antica e moderna*, Rome, 1747-1761.

On y remarque les œuvres suivantes de Borromini :

– page 25 : Église et couvent de San Carlo alle Quattro Fontane.

– page 26 : Église de Santa Maria in Vallicella et oratoire.

– page 28 : Place Navone et, sur la gauche, église Sainte-Agnès.

– page 29 : Palais de la Propagation de la Foi.

Achevé d'imprimer
le 20 décembre 2005
par J.-P. Louis, à Tusson
Tirage : 750 exemplaires
sur bouffant.

Dépôt légal : 4/2005 – Éditeur : 277
ISBN 2-84068-176-5